BEI GRIN MACHT SICH IHR WISSEN BEZAHLT

- Wir veröffentlichen Ihre Hausarbeit, Bachelor- und Masterarbeit

- Ihr eigenes eBook und Buch - weltweit in allen wichtigen Shops

- Verdienen Sie an jedem Verkauf

Jetzt bei www.GRIN.com hochladen und kostenlos publizieren

Bibliografische Information der Deutschen Nationalbibliothek:

Die Deutsche Bibliothek verzeichnet diese Publikation in der Deutschen Nationalbibliografie; detaillierte bibliografische Daten sind im Internet über http://dnb.d-nb.de/ abrufbar.

Dieses Werk sowie alle darin enthaltenen einzelnen Beiträge und Abbildungen sind urheberrechtlich geschützt. Jede Verwertung, die nicht ausdrücklich vom Urheberrechtsschutz zugelassen ist, bedarf der vorherigen Zustimmung des Verlages. Das gilt insbesondere für Vervielfältigungen, Bearbeitungen, Übersetzungen, Mikroverfilmungen, Auswertungen durch Datenbanken und für die Einspeicherung und Verarbeitung in elektronische Systeme. Alle Rechte, auch die des auszugsweisen Nachdrucks, der fotomechanischen Wiedergabe (einschließlich Mikrokopie) sowie der Auswertung durch Datenbanken oder ähnliche Einrichtungen, vorbehalten.

Impressum:

Copyright © 2015 GRIN Verlag, Open Publishing GmbH
Druck und Bindung: Books on Demand GmbH, Norderstedt Germany
ISBN: 9783668335714

Dieses Buch bei GRIN:

http://www.grin.com/de/e-book/343233/die-entwicklung-der-ifrs-seit-2010-trends-diskussionen-potentiale

Steve Mitchel

Die Entwicklung der IFRS seit 2010. Trends, Diskussionen, Potentiale

GRIN Verlag

GRIN - Your knowledge has value

Der GRIN Verlag publiziert seit 1998 wissenschaftliche Arbeiten von Studenten, Hochschullehrern und anderen Akademikern als eBook und gedrucktes Buch. Die Verlagswebsite www.grin.com ist die ideale Plattform zur Veröffentlichung von Hausarbeiten, Abschlussarbeiten, wissenschaftlichen Aufsätzen, Dissertationen und Fachbüchern.

Besuchen Sie uns im Internet:

http://www.grin.com/

http://www.facebook.com/grincom

http://www.twitter.com/grin_com

Steve Mitchel

BIL11

Assignment

IFRS

Die Entwicklung der IFRS in den letzten 5 Jahren – Trends, Diskussionen, Potentiale

2015

Inhaltsverzeichnis

Abbildungsverzeichnis II

Abkürzungen III

1 Einleitung 1

2 Grundlagen 2

    2.1 IASB 2

    2.2 IAS/IFRS 2

3 Entwicklung des IFRS in den letzten 5 Jahren 4

    3.1 IFRS 11 „Gemeinsame Vereinbarungen" 5

    3.2 IFRS 12 „Engagement bei anderen Unternehmen" 6

    3.3 IFRS 13 „Bemessung des beilegenden Zeitwertes" 6

    3.4 IFRS 14 „Regulatorische Abgrenzung" 7

    3.5 IFRS 15 „Erlöse aus Verträgen mit Kunden" 8

4 Fazit 9

Literaturverzeichnis (Printmedien, Internetquellen) IV

Abbildungsverzeichnis

Abbildung 1, Die Struktur des IASB (Quelle: www.IASB.org) 2

Abkürzungen

bspw.	beispielsweise
bzw.	beziehungsweise
EFRAG	Europäische Beratungsgruppe für Rechnungslegung
i.d.R.	in der Regel
IAS	International Accounting Standards
IASe	Das International Accounting Standards Committee
IASB	International Accounting Standards Board
IASC	International Accounting Standards Committee
IASCF	International Accounting Standards Committee Foundation
IFRS	International Financial Reporting Standards
NYSE	New York Stock Exchange
SEC	Securities and Exchange Commission
TRG	Transition Resource Group for Revenue Recognition
US-GAAP	US-Generally Accepted Accounting Principles
usw.	und so weiter
Vgl.	Vergleich

1 Einleitung

Die Globalisierung der Kapitalmärkte hat dazu geführt, dass die internationalen Rechnungslegungsvorschriften stark an Bedeutung gewonnen haben. Die gemeinsame Sprache der Rechnungsleger heißt International Financial Reporting Standard (IFRS) des International Accounting Standards Board (IASB).[1] Der Durchbruch der IFRS gelang in der Europäischen Union am 19. Juli 2002 mit der Verabschiedung der so genannten IAS-Verordnung. Auf Grund dieser Verordnung sind kapitalmarktorientierte Unternehmen mit Sitz in der Europäischen Union ab dem Geschäftsjahr 2005 verpflichtet ihren Konzernabschluss nach den Vorschriften der IFRS zu erstellen, für die andere Konzerne oder Gesellschaften stehen sie zur Wahl.[2] Da die Abschlüsse von Land zu Land Gemeinsamkeiten aber auch Unterschiede aufweisen können, hat es sich das International Accounting Standards Committee (IASe) zur Aufgabe gemacht, die Vorschriften, Standards und Verfahren hinsichtlich der Aufstellung und Darstellung zu harmonisieren und anzugleichen.[3]

Ziel dieser Arbeit ist es, aufzuzeigen, welche Veränderungen der IFRS in den letzten fünf Jahren durchlaufen hat. Dabei werden die einzelnen Änderungen durch aktuelle Diskussionen und Trends begleitet und auf die Potenziale der Standards eingegangen.

Nach einer kurzen Einführung in das Thema, werden in Kapitel zwei zunächst die Grundlagen, die zum Verständnis für das Thema IFRS erforderlich sind, erläutert. Danach wird auf die Entwicklung des IFRS in den vergangenen fünf Jahren eingegangen und diese mit aktuellen Trends und Diskussionen kommentiert. Das Kapitel vier bildet den Schluss der Arbeit mit dem Fazit.

---

[1] Vgl. *Ballwieser* (2013, S. 1)
[2] Vgl. *Wagenhofer* (2003, S. 2)
[3] Vgl. *Zülch/Hendler* (2013, S. 4)

2 Grundlagen

2.1 IASB

Das International Accounting Standards Board (IASB) ist aus dem International Accounting Standards Committee (IASC) hervorgegangen und ist eine unabhängige Gruppe von Rechnungslegungsexperten. Die Experten werden von den Treuhändern des International Accounting Standards Committee Foundation (IASCF) ernannt. Das IASB entwickelt die IFRS und interpretiert sie. Zu den Aufgaben des IASB gehört die Entwicklung und Veröffentlichung von IFRS und die Begutachtung der Stellungnahmen und Interpretationen des IFRIC.[4] In der Abbildung 1 unten sind die Zusammenhänge grafisch dargestellt.

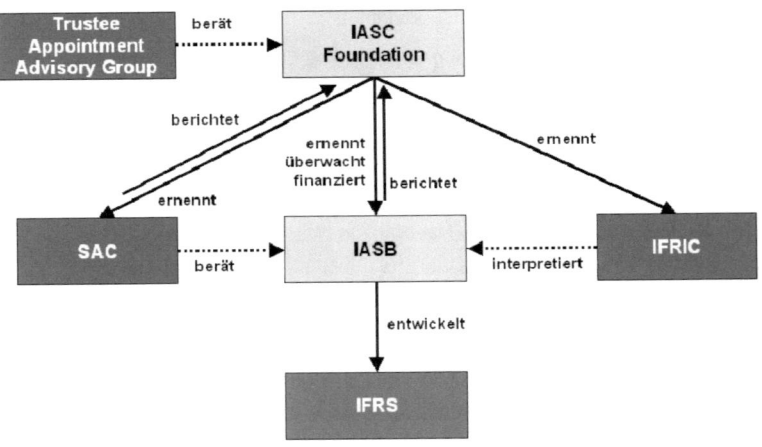

Abbildung 1, Die Struktur des IASB (Quelle: http://www.business-wissen.de/hb/die-institutionen/)

2.2 IAS/IFRS

Die IAS/IFRS sind Fachnormen zur externen Rechnungslegung und bestehen aus den Standards (IAS/IFRS), den Interpretationen (SIC/IFRIC) sowie dem theoretischen Rahmenkonzept (Canceptual Framework). Jeder Standard behandelt dabei ein bestimmtes Bilanzierungsproblem. Die Interpretationen beantworten Fragen seitens der IFRS-Anwender und sind somit einer inhaltlichen Verbindung der einzelnen IFRS.

---

[4] Vgl. *KPMG* (2003, S. 1)

Das Rahmenkonzept Framework enthält vor allem grundsätzliche Annahmen, Anforderungen und Definitionen.[5]

Inhaltlich sind die Standards wie folgt gegliedert:[6]

- Zielsetzung (objective)
- Anwendungsbereich (scope)
- Definitionen (definitions)
- Einzelregeln und Anwendungsrichtlinien (guidance)
- Angaben und ggf. Darstellung (disclosures and presentation)
- Übergangsvorschriften (transitional provisions)
- Zeitpunkt des Inkrafttretens (effective date)
- Anhänge (appendices).

Die Nummerierung der Standards folgt der Reihenfolge ihrer Veröffentlichung. Vor dem Jahr 2001 wurden diese Standards als IAS und danach als IFRS bezeichnet. Wird durch ein IFRS der Regelungsbereich eines IAS ersetzt, wird der entsprechende IAS-Standard gestrichen.[7] Diese Standards entstehen durch einen Setting Process (Due-Prozess) und dies beansprucht i.d.R. einen Zeitraum von etwa drei Jahren. Bei der Entwicklung eines neuen Standards werden dabei typischerweise folgende Phasen durchlaufen:[8]

1. Projektvorschlag/ Agenda
2. Diskussionspapier (Draft Statement of Principles)
3. Standardentwurf (Exposure Draft)
4. Endgültiger Standard (International Financial Reporting Standards)
5. EU-Übernahme

In diesem mehrstufigen Prozess haben die Öffentlichkeit, die betroffene Unternehmen, die Wirtschaftsprüfungsgesellschaften und andere Interessengruppen die Möglichkeit zu den Diskussionspapieren, sowie Standardentwürfen, Stellung zu

---

[5] Vgl. *Wagenhofer* (2003, S. 42)
[6] Vgl. *Petersen/Bansbach/Dornbach* (2012, S. 4)
[7] Vgl. *Buchholz* (2013, S. 232)
[8] Vgl. *Petersen/Bansbach/Dornbach* (2012, S. 629)

nehmen. Die Interpretationen der IFRS gelten als Leitlinie für die Auslegung des Standards, falls ein Sachverhalt nicht klar geregelt ist. Dabei bezieht sich die Interpretation stets auf einen einzelnen Standard und steht mit ihm auf der gleichen Verbindlichkeitsstufe. Vor dem Jahr 2001 wurden diese als SIC und danach als IFRIC bezeichnet.[9] Die Conceptual Frameworks dienen als Leitlinie für die Erstellung neuer Standards, aber auch als Deduktionsgrundlage für die Ableitung von Lösungsansätzen, die nicht explizit in Standards geregelt sind. Das Rahmenkonzept hat jedoch nicht den Verbindlichkeitsgrad eines Standards. Die Regelungen des Conceptual Framework sind grundsätzlich unverbindlich, wenn sie mit einem Standard in Konflikt stehen.[10]

3 Entwicklung des IFRS in den letzten 5 Jahren

In den vergangenen Jahren ist eine Vielzahl von IFRS entwickelt worden und in Kraft getreten. Es gibt nur wenige Standards die nicht in den letzten Jahren in irgendeiner Form angepasst worden sind. Der Hintergrund dafür ist, dass das IASB regelmäßig auch kleine Änderungen über eine Art Sammelanpassung vornimmt die mehrere Standards auf einmal betrifft.[11] Die Akzeptanz der Anwender dieser Standards nimmt auch immer weiter zu. Die USA beispielsweise, nehmen sich nach langem Zögern auch wieder dem Thema an. Die Vorsitzende der Securities and Exchange Commission (SEC) Mary Jo White sagte im Mai des vergangenen Jahres in einem öffentlichen Vortrag, die Evaluation einer möglichen Integration von IFRS ins amerikanische Berichterstattungswesen sei eine ihrer Prioritäten. Sie will sich dem Thema nun offenbar wieder annehmen und neue Lösungen vorschlagen.[12] Des Weteren erklärt Michael Kemmer, Hauptgeschäftsführer des Bankenverbandes in Berlin, „Die International Financial Reporting Standards (IFRS) sind eine Erfolgsgeschichte, denn sie vereinen weltweit die maßgeblichen Bilanzierungsvorschriften unter einem Dach" und „Die IFRS sind die international einheitliche Sprache der Bilanzierung und

---

[9] Vgl. *Haunerdinger/Probst* (2004, S. 25)
[10] Vgl. *Haunerdinger/Probst* (2004, S. 24)
[11] Vgl. *Buschhüter/Striegel* (2011, S. 40)
[12] Vgl. *Schmutz* (15.01.2015, URL)

stärken eine transparente und verständliche Kapitalmarktkommunikation."[13] Allerdings ist die Ausgestaltung der umfassenden Standards sehr komplex und inhaltliche Anpassungen erfolgen, nach Meinung vieler Anwender, in zu schneller Folge. Die IFRS geraten vermehrt unter politischen Druck, die Zeitspanne zwischen den Änderungen soll vergrößert werden.[14] Dr. Bernhard Pellens bringt es auf dem Punkt, mit der Aussage: "Auf der Welt kennt wohl kein Mensch alle IFRS-Standards im Detail."[15] In den letzten Jahren sind viele Änderungen an den Standards vorgenommen worden und jedes Jahr kommen neue hinzu. Nachfolgend werden die neuen IFRS Standards, der letzten fünf Jahren beschrieben und mit Erfahrungen aus der Wirtschaft kommentiert.

3.1 IFRS 11 „Gemeinsame Vereinbarungen"

Durch IFRS 11 wurde das Wahlrecht zwischen Quoten- und Equity-Methode für das Gemeinschaftsunternehmen (joint ventures) im Konzernabschluss abgeschafft und es ist nur noch die Equity-Konsolidierung zulässig.

Für CFO Ralf Krieger bedeutete das Folgendes: Umsatz- und Mitarbeiterzahlen sowie die Vermögens- und Schuldenpositionen der Gemeinschaftsunternehmen NOK-Freudenberg Group China, Trelleborg Vibracoustic und der Freudenberg NOK Mechatronics darf er nicht mehr in dem Abschluss aus dem Jahr 2013 berücksichtigen. Optisch hat das Unternehmen damit im Jahresvergleich eine Milliarde Euro an Umsatz verloren, de facto aber keine Einbußen erlitten.[16] Dies kann für den betroffenen CFO unangenehme Folgen haben. Denn sinkt die Eigenkapitalquote durch die veränderte Methode, etwa unter die mit den Finanzierungspartnern verabredeten Schwellenwerte, könnten bei betroffenen Unternehmen Kreditklauseln (Covenants) reißen und sie könnten Schwierigkeiten bekommen Investoren zu finden oder sich zu finanzieren.

Der Standard ersetzt IAS 31 und SIC 13 und ist seit dem 1. Januar 2014 Verpflichtend anzuwenden.

---

[13] *Kemmer* (2014, URL)
[14] Vgl. *Bernhard* (2014, URL)
[15] *Bernhard* (2014, URL)
[16] Vgl. *Becker* (2014b, URL)

3.2 IFRS 12 „Engagement bei anderen Unternehmen"

Der Standard regelt die Pflichten zur Angabe für alle Arten von Beteiligungen an anderen Unternehmen. Es müssen Angaben gemacht werden, die es dem Dritten ermöglichen, die finanziellen Auswirkungen zu beurteilen, die mit dem Engagement des Unternehmens bei Tochterunternehmen verbunden sind. Angabevorschriften werden durch eine Reihe von Anforderungen und Zielsetzungen definiert, die dann detailliert mit Leitlinien unterlegt sind, wie diese zu erfüllen sind.[17]

Es fordert von Berichtsunternehmen eine Fülle neuer und oftmals qualitativer Angaben zu Anteilen. Konzeptionell weicht IFRS 12 jedoch mit dem gesonderten Verweis auf strukturierte Unternehmen von dem in IFRS 10 festgelegten einheitlichen Beherrschungskonzept ab. Dabei verursacht die Konzernberichterstattung einen deutlichen Mehraufwand. Im Vorfeld der anstehenden Berichtstermine haben Unternehmen zu prüfen, ob und wenn ja welche Informationsprozesse angepasst bzw. neu implementiert werden müssen, um den gestiegenen Berichtserfordernissen weiter entsprechen zu können.[18]

Die letzte Änderung erfolgte am 18. Dezember 2014.

Der Standard ersetzt IAS 27, 28, 31 und SIC 12 und ist verpflichtend anzuwenden ab dem 1. Januar 2014.

3.3 IFRS 13 „Bemessung des beilegenden Zeitwertes"

Der IFRS 13 Standard definiert den Fair Value erstmals als einen reinen Exit-Price. Der Marktpreis wird dabei nach einem erzielbaren Vermögenswert, oder was für diese Schuld bezahlt werden müsste, im Rahmen einer auf einem definierten Markt vorgenommenen Transaktion, bewertet. Im Falle von Vermögenswerten ist zudem eine bestmögliche Nutzungsart aus der Perspektive eines Erwerbers zu unterstellen.[19]

---

[17] Vgl. *o.* (2012, URL)
[18] Vgl. *Rattler/Menze* (2014, URL)
[19] Vgl. *o. a.* (2012, URL)

Da Marktwerte, wie ein Blick auf die Aktienmärkte zeigt, regelmäßig schwanken, führt eine an Marktpreisen ausgerichtete Fair-Value-Bilanzierung auch zu entsprechenden Veränderungen in den Bilanzen und damit letztlich auch bei Gewinnen oder Verlusten der Unternehmen. Problematisch war bislang, dass das Bewertungskonstrukt „Fair Value" in den IFRS nicht einheitlich geregelt war.[20]

IFRS 13 ist verpflichtend anzuwenden ab dem 1. Januar 2013. Eine frühere Anwendung ist ebenfalls zulässig.

3.4 IFRS 14 „Regulatorische Abgrenzung"

Unternehmen die Erstanwender sind können regulatorische Abgrenzungsposten weiterhin bilanzieren, wenn sie es nach ihren vorher angewendeten Rechnungslegungsgrundsätzen im ihrem Abschluss erfasst haben. Dies gilt sowohl im ersten IFRS-Abschluss als auch in den Folgeabschlüssen. Regulatorische Abgrenzungsposten und Veränderungen in ihnen, müssen in der Darstellung der Finanzlage und in der Gewinn- und Verlustrechnung oder im sonstigen Gesamtergebnis separat ausgewiesen werden. Außerdem sind bestimmte Angaben vorgeschrieben.[21]

Der Standard ist als kurzfristige Zwischenlösung gedacht, bis der IASB sein längerfristiges grundlegendes Projekt zu preisregulierten Geschäftsvorfällen abschließt. Er führt, einer Meldung des DRSC vom 31.01.2014 zufolge, zu einer optimalen Erleichterung für Erstanwender nach IFRS 1. Unternehmen können damit unter restriktiven Voraussetzungen die Bilanzierung von regulatorischen Abgrenzungsposten aus einer Preisregulierung nach ihren bisherigen Rechnungslegungsvorschriften fortsetzen.[22]

Aufgrund bisheriger Regelungen in den US-GAAP hat die Bilanzierung preisregulierter Aktivitäten hohe Relevanz in USA und Kanada. Dies führte aufgrund des Drängens dieser Länder zu diesem Standard. Mangels einer eigenen Konzeption setzt das

---

[20] Vgl. *Stößel* (URL)
[21] Vgl. *o. a.* (2015, URL)
[22] Vgl. *DRSC* (02.05.2012, URL)

IASB mit IFRS 14 allgemeingültige Regelungen der IFRS außer Kraft, beschränkt auf einen kleinen Kreis von Erstanwendern.[23]

Der Standard ist ab dem 1. Januar 2016 Verpflichtend anzuwenden.

3.5 IFRS 15 „Erlöse aus Verträgen mit Kunden"

IFRS 15 definiert, wann und in welcher Höhe Erlöse zu erfassen sind. Nach IFRS 15 ist der Umsatzerlös der Betrag, der für die Übertragung von Waren oder Dienstleistungen an Kunden als Gegenleistung erwartet wird. Die zeitliche Erfassung ist abhängig von der Verschaffung der Verfügungsmacht abhängig und nicht mehr von der Übertragung der Chancen und Risiken. Der neue Standard ist das Ergebnis eines Konvergenzprojektes zwischen IASB und FASB, welches die Angleichung der beiden Rechnungslegungssysteme IFRS und US-GAAP zum Ziel hatte.[24]

Die Telekom sagt zu der Umstellung, dass die Umsetzung des neuen Standards insgesamt einen zweistelligen Millionenbetrag kosten wird und dass es nach dem Inkrafttreten am 1. Januar 2017 noch mehrere Millionen kosten wird. Sie erwartet steigende Kosten Jahr für Jahr. Wenn Kunden zum Beispiel in laufenden Verträgen bestimmte Leistungen hinzufügen oder abbestellen, muss das Verhältnis der einzelnen Leistungen zueinander erneut berechnet und damit bilanziert werden.[25]

Die Europäische Beratungsgruppe hat für Rechnungslegung (EFRAG) hat am 4. September 2015 zu ED/2015/6 Clarifications to IFRS 15 Stellung genommen. Der Änderungsentwurf behandelt einen Teil aufgeworfener Fragestellungen, die im Rahmen der gemeinsamen Beratungsgruppe Transition Resource Group for Revenue Recognition (TRG) diskutiert wurden. Diese betreffen die Identifizierung von Leistungsverpflichtungen, Prinzipal/Agent-Beziehungen und Lizenzen. Die EFRAG unterstützt dabei das generelle Vorhaben des IASB den verpflichtenden Teil des IFRS 15 nicht um Einzelfallregelungen anzupassen, sondern mehrheitlich auf die illustrierenden Beispiele zu verweisen. Ein anderes Vorgehen wählt hingegen das FASB bei seinem Erlösstandard. Hinsichtlich der Anpassungen durch ED/2015/6 hat die EFRAG mehr-

---

[23] Vgl. *Schwieters* (2014)
[24] Vgl. *Meyer* (2014, URL)
[25] Vgl. *Becker* (2014a, URL)

heitlich lediglich editoriale Anmerkungen gemacht. z. B. hinsichtlich des neuen Examples 10 Case B. Inhaltlich geht es bei diesem um einen sog. combined output, d. h. einen Vertrag über den Bau von fünf kundenspezifischen „units". Fraglich ist dann, ob mehrere separate Leistungsverpflichtungen oder ein Leistungsbündel vorliegen. Klarzustellen sei nach Ansicht der EFRAG, dass die Prüfung auf jede einzelne unit vorgenommen werden müsse, insbesondere, ob diese unterscheidbar (distinct) von den restlichen units sei.[26]

Am 11. September 2015 verschiebt das IASB den Zeitpunkt des Inkrafttretens auf den 1. Januar 2018. Vorzeitige Anwendung von IFRS 15 ist allerdings weiterhin zulässig.[27]

Die Standards IAS 11, 18 werden ersetzt und ist ab dem 1. Januar 2018 verpflichtend anzuwenden.

4 Fazit

Eine einheitliche Rechnungslegung wird benötigt, da sich die Welt durch die Globalisierung verändert. Um Unternehmen vergleichbar zu machen ist es nötig, dass die Betriebe eine einheitliche Sprache sprechen. Der IASB hat sich der Aufgabe angenommen und entwickelt mit Fachleuten die IFRS Standards. Die Entwicklung der Internationalen Bilanzierung steht jedoch noch am Anfang. In einem großen Teil der Welt werden diese Standards bereits akzeptiert und anwendet, allerdings haben sich die IFRS in den letzten Jahren immer mehr verkompliziert, was darauf hindeutet, dass es noch viel Verbesserungspotenzial gibt. Der IFRS ist allerdings auf dem richtigen Weg um international anerkannt und ein wirklicher Konkurrent zum US-GAAP zu werden.

---

[26] Vgl. *Freiberg/Schubert* (2015, URL)
[27] Vgl. *IASB* (2015, URL)

Literaturverzeichnis (Printmedien, Internetquellen)

Ballwieser, W. (2013): IFRS-Rechnungslegung: Konzept, Regeln und Wirkungen, s.l.: Vahlen.

Buchholz, R. (2013): Grundzüge des Jahresabschlusses nach HGB und IFRS: Mit Aufgaben und Lösungen, s.l.: Vahlen.

Buschhüter, M./Striegel, A. (2011): Kommentar Internationale Rechnungslegung IFRS, Wiesbaden: Gabler Verlag / Springer Fachmedien Wiesbaden GmbH Wiesbaden.

Haunerdinger, M./Probst, H. (2004): Der Weg in die internationale Rechnungslegung: Grundlagen der Bilanzierung nach HGB und IFRS, Wiesbaden: Gabler Verlag.

KPMG (Hrsg.) (2003): International Financial Reporting Standards: Einführung in die Rechnungslegung nach den Grundsätzen des IASB, 2. Aufl., Stuttgart: Schaeffer-Poeschel.

Petersen, K./Bansbach, F./Dornbach, E. (2012): IFRS-Praxishandbuch: Ein Leitfaden für die Rechnungslegung mit Fallbeispielen ; [inkl. Checklisten auf CD-ROM], 7. Aufl., München: Vahlen.

Schwieters, N. (2014): Umsatzrealisierung nach IFRS 15 Umsatzrealisierung nach IFRS 15 mit Exkurs: Regulierte Wirtschaftsgüter (IFRS 14) (2014), http://www.ifu.ruhr-uni-bochum.de/mam/content/pdf/ifrs_2014_folien_schwieters.pdf (Zugriff 2015-11-20).

Wagenhofer, A. (2003): Internationale Rechnungslegungsstandards: IAS/IFRS ; Grundkonzepte, Bilanzierung, Bewertung, Angaben, Umstellung und Analyse, 4. Aufl., Frankfurt am Main: Redline Wirtschaft bei Ueberreuter.

Zülch, H./Hendler, M. (2013): International Financial Reporting Standards (IFRS) 2013: Deutsch-Englische Textausgabe der von der EU gebilligten Standards und Interpretationen, 7. Aufl., Weinheim: Wiley.

Becker, J. (2014a): Deutsche Telekom: „IFRS 15 kostet uns Millionen", http://www.finance-magazin.de/bilanzierung-controlling/bilanzierung/deutsche-telekom-ifrs-15-kostet-uns-millionen-1307781/ (Zugriff 2015-11-12).

– (2014b): IFRS: Neue Vorschriften belasten Unternehmen, http://www.finance-magazin.de/bilanzierung-controlling/bilanzierung/ifrs-neue-vorschriften-belasten-unternehmen-1305041/ (Zugriff 2015-11-12).

Bernhard, P. (2014): künftige Entwicklungslinien bei den IFRS, http://www.accountingundcontrolling.ch/accounting/bernhard-pellens-ueber-kuenftige-entwicklungslinien-bei-den-ifrs/ (Zugriff 2015-11-12).

DRSC (02.05.2012): DRSC :: Projekte - Details, https://www.drsc.de/service/projects/details/index.php?ixprj_do=index&ixprj_lang=en&prj_sec=iasb&prj_id=1&filter_state=all&ixprj_do=details&prj_id=36 (Zugriff 2015-11-20).

Freiberg, J./Schubert, D. (2015): IFRS 15: Erstanwendungszeitpunkt beschlossen, Klarstellung, http://www.haufe.de/finance/jahresabschluss-bilanzierung/ifrs-15-erstanwendungszeiptpunkt-beschlossen-klarstellung-efrag_188_319854.html (Zugriff 2015-11-26).

IASB (2015): IASB verschiebt Zeitpunkt des Inkrafttretens von IFRS 15, http://www.iasplus.com/de/news/2015/september/ifrs-15-deferral (Zugriff 2015-11-12).

Kemmer, M. (2014): IFRS eine Erfolgsgeschichte in Europa – Endorsement für IFRS 9 zügig vorantreiben - Bankenverband, https://bankenverband.de/newsroom/presse-infos/ifrs-eine-erfolgsgeschichte-in-europa-endorsement-fuer-ifrs-9-zuegig-vorantreiben/ (Zugriff 2015-11-25).

Meyer, G. (2014): IFRS-UPDATE 2014/2015, www.falk-co.de.

o. (2012): IFRS 12, http://www.iasplus.com/de/standards/ifrs/ifrs12 (Zugriff 2015-11-16).

o. a. (2012): IFRS 13, http://www.iasplus.com/de/standards/ifrs/ifrs13 (Zugriff 2015-11-18).

– (2015): IFRS 14, http://www.iasplus.com/de/standards/ifrs/ifrs14 (Zugriff 2015-11-20).

Rattler, T./Menze, T. (2014): IFRS 12 - Neue Angabepflichten zu Anteilen an anderen Unternehmen | Rödl & Partner, http://www.roedl.de/themen/ifrs-newsletter/2014-04/ifrs-12-neue-angabepflichten-anteile-unternehmen (Zugriff 2015-11-23).

Schmutz, C. (15.01.2015): Dürfen US-Firmen IFRS anwenden?: Amerika will endlich Klarheit schaffen, http://www.nzz.ch/wirtschaft/amerika-will-endlich-klarheit-schaffen-1.18461399 (Zugriff 2015-11-12).

Stößel, V.: IFRS 13: Vor- und Nachteile zukünftiger Wertbestimmungen, http://www.rechnungswesen-portal.de/Fachinfo/IAS--IFRS--US-GAAP/IFRS-13-Vor-und-Nachteile-zukuenftiger-Wertbestimmungen.html (Zugriff 2015-11-20).

BEI GRIN MACHT SICH IHR WISSEN BEZAHLT

- Wir veröffentlichen Ihre Hausarbeit, Bachelor- und Masterarbeit

- Ihr eigenes eBook und Buch - weltweit in allen wichtigen Shops

- Verdienen Sie an jedem Verkauf

Jetzt bei www.GRIN.com hochladen und kostenlos publizieren